Alfred Reichel

**Tierisch gute
Bier-Gedichte**

© 2015, Alfred Reichel
Layout, Satz & Umschlaggestaltung: Malte Reddig
Herstellung und Verlag: BoD – Books on Demand, Norderstedt
ISBN 978-3-7386-0764-2

Bibliografische Information der Deutschen Nationalbibliothek
Die Deutsche Nationalbibliothek verzeichnet diese Publikation
in der Deutschen Nationalbibliografie; detaillierte bibliografische
Daten sind im Internet über www.dnb.de abrufbar.

Bierliebe

Ob Mann oder Frau,
ob Eber oder Sau,
ob Kuh oder Stier
- alle lieben Bier!

Verwandlung

Vieh säuft. Mensch trinkt.
Vieh brüllt. Mensch singt.
Trinkt der Mensch aber zu viel Bier,
dann wird mancher Mensch zum wilden Tier.

aus: Reichel, A.: Nicht nur Biergedichte. Books on Demand, Norderstedt, 2015

Anstatt eines Vorworts

Wofür

1, 2, 3, 4.
Wofür leben wir?
Für leben und leben lassen,
um zu arbeiten und für hoch die Tassen,
um zu lieben Gott, Mensch und **Tier**,
um Schönes zu genießen, wie das **Bier**,
- dafür leben wir.

Weil der Stadt, im Juli 2015   Alfred Reichel

#1 **Zapfhahn und Co.**
Schluckspechte, Schnapsdrosseln, Zapfhähne gehören zu den Tieren,
die zu tun haben mit Schnäpsen, Weinen und Bieren.
Man findet sie in keinem Zoo.
Zu finden sind sie anderswo.
Sie sind in Kneipen daheim
und fertig ist der Reim.

#2 **Alkoholisches Federvieh**
Lass Bier durch den Zapfhahn laufen.
Die Schluckspechte wollen saufen.

#3 **Erkenntnisse mit Hund**
Die Wissenschaft tut kund:
Licht macht das Leben bunt.
Mäßiger Biergenuss ist gesund.
Der Mensch lebt länger mit Hund.
Drum Licht her, Hund her und Bier in den Mund.

#4 Tierisch Trinken

Insekt, Insekt –
anfangs trinken wir ein Gläschen Sekt.
Stier, Stier, Stier –
wir mögen Wein und Bier.
Elefant, Elefant –
zu Wein passt gut Weinbrand.
Biber, Biber, Biber –
zu Bier ist uns Whisky lieber.
Gnu, Gnu, Gnu –
die Gläser sind leer im Nu.
Nashorn, Nashorn –
zu jedem Bier kippen wir 'nen Korn.
Salamander, Salamander –
wir trinken alles durcheinander.
Kuckuck, Kuckuck –
wir betrinken uns Schluck um Schluck.
Kakadu, Kakadu –
sind alle Flaschen leer, dann erst hat die Leber Ruh'.
Maus, Maus, Maus –
anderntags kurieren wir unseren Rausch aus.

#5 **Kuckucksbier**

Der Gerichtsvollzieher klingelt an meiner Tür.
Er kommt zu mir und klebt 'nen Kuckuck auf mein Bier.
Ich sehe vor mir das Bier,
aber es gehört nicht mehr mir.
Das Bier ist nicht mehr länger meins.
Ich gehe zu dir und trinke jetzt deins.

#6 **Murmeltier oder Specht**

Nach dem Genuss von gutem Bier
schläft man wie ein Murmeltier.
War das gestrige Bier aber schlecht,
dann klopft beim Aufwachen im Kopf ein Specht.

#7 **Die Ratte**

Eine Ratte,
die hatte
Lust auf viel Bier,
deswegen kam sie zu mir.
Ich war zunächst verwundert,
dann habe ich sie bewundert,
wie sie zwar reichlich am Bier nippte,
aber selbst nach 2 Flaschen nicht umkippte.
Sie balancierte sämtliche Schräglagen mit ihrem langen Schwanz aus.
So etwas kann nur eine Ratte aber nie und nimmer eine Maus.

#8 **Der Koalabär**

Ein Koalabär
hat's schon schwer.
Ihm reicht oft sein Geld nicht mehr.
Dann fragt er: „Wer
bezahlt mir
mein Bier?"

#9 **Das Wiesel**

Das kleine flinke Wiesel,
das trinkt am liebsten Diesel.
Das Gesöff aus Cola und Bier,
das schmeckt auch hin und wieder mir.

#10 **Die Fliege**

Eine von Bier besoffene Fliege
kitzelte die Nase einer Ziege.
Da hat sie die Ziege flugs zerkaut
und wenig später war die Fliege verdaut.

#11 **Der Hase**

Es war einmal ein Hase,
der meinte Bier sei eine Base.
Bier sei aber Säure auch,
drum müssten immer zwei in seinen Bauch.
Sie würden sich dann neutralisieren
und im Nebeneffekt ihn leicht alkoholisieren.

#12 **Der Knallfrosch**

Der Knallfrosch hüpft von Silvester nach Neujahr,
das ist wahr.
Wahr ist aber auch,
zu Silvester schütt' ich mir Bier und Sekt in den Bauch.

#13 **Der Falke**

Ein Falke -
er war Fan von Schalke,
war ständig blau.
Das störte seine Frau.
Drum schmiss sie ihn aus dem Bau.
Fortan trank er sein Bier
mit anderem Getier.

#14 **Der Pudel**

Ein Pudel
verschluckte sich an einer Nudel.
Der Pudel wäre fast daran erstickt.
Zum Glück trank er Bier, das hat die Nudel verrückt.

#15 Der Grizzlybär

Ein Grizzlybär
wollte immerzu mehr.
Trank er ein Bier, wollte er zwei.
Bei zwei, dachte er schon an Nummer drei…
Mit nichts war er zufrieden.
Er war nie satt zu kriegen.
Irgendwann tat's einen fürchterlichen Schlag,
nämlich dann als er platzte und er daraufhin tot am Boden lag.
Und die Moral von dem Gedicht:
Zu viel fresse und saufe nicht!

#16 Das Krokodil

Ein kleines Krokodil,
das eine Kiste Bier kaufen will,
bekommt vom Verkäufer gesagt: „NEIN,
für Bier bist du noch zu klein."

#17 **Der Kater**

Hat man einen Kater,
spart man sich den Psychiater.
Denn das Schmusen mit dem Tier
wirkt so, als tränke man ein Bier.
Man wird ruhig und gelassen.
Man kann den Stress loslassen.

#18 **Der Hund**

Bello schlägt völlig aus der Art,
denn er hat eine besondere Eigenart:
Bekommt er nicht sein täglich Bier,
dann miaut er wie ein Katzentier.

#19 **Die Bieraffe**

Die Giraffe
trinkt Bier aus der Karaffe.
Besser sei so das Bieraroma.
Das meinte schon ihre Oma.

#20 Die Taube

Die Taube girrt: Girr, girr, girr.
Sie meint damit, sie will ein Bier.

#21 Das Känguru

Das Känguru
ließ dem Wirt keine Ruh,
bis dieser mit dem Bier rausrückte.
Das Känguru dann mit Bier im Beutel abrückte.

#22 Die Eule

Morgens geht die Sonne auf und abends geht sie unter.
Morgens bin ich müde und erst abends werd' ich munter.
Ich glaube, ich bin ein Eulentier.
Aber im Vergleich zu mir trinkt die Eule wohl weniger Bier.

#23 Der Floh

Es floh
ein Floh
vor mir
wegen zu viel Bier
in meinem Blut.
Bier ist für ihn schlecht, aber für mich gut.

#24 Der Weberknecht (Höhere Mathematik)

Es sagt zu mir der Weberknecht
und damit hat er bestimmt Recht.
Denn was er sagt klingt mathematisch
und ist inhaltlich mir nicht unsympatisch:
Er habe der Beine zwei mal vier,
drum tränke er täglich darauf zwei Bier.
Ich hätte der Beine einhalb mal vier
und somit auch Grund auf den Genuss von Bier.

#25 Der Papagei

Ein Papagei
saß vor seinem hartgekochten Frühstücksei
und wünschte sich sehnlichst ein Bier herbei.
Kaffee oder Wasser würden ihn nur quälen.
Ein Hefeweizen würde er sich zum Ei wählen.
Ein solches würde ihn jetzt erquicken
und ihm helfen, das harte, gesalzene Ei aufzupicken.

#26 Der Iltis

Ein Iltis wollte nur kurz zum nächsten Hühnerstall,
um dort zu tätigen einen Überfall.
Aber ein wütender Bauer
lag dort mit einem Gewehr auf der Lauer.
Er hat geschossen, aber hat ihn aber nicht getroffen,
denn der Bauer war von 10 Bier besoffen.
Vor Schreck hat sich daraufhin der Iltis
für Stunden verirrt in der Wildnis.

#27 Die Boa constrictor

Eine Boa constrictor
schoss ein bierbezogenes Eigentor,
als sie alkoholfreies Bier bestellte
und sich deshalb niemand zu ihr gesellte.

#28   Die Hefezelle

Fürs Bier ist die Hefezelle
ganz wichtig auf alle Fälle.
Sie macht Alkohol aus Maltose.
Ohne Hefe wäre Bier nur eine malzige Soße.

#29   Das Frettchen

Alfred, das Frettchen,
stapft in jedes Fettnäpfchen.
Dieses Frettchen mag besonders Bieralkohol.
Deshalb fühle es sich in einem Biernäpfchen wohl.
Künftig im Näpfchen Bier statt Fett,
das fände der Alfred so richtig nett.

#30   Frettchen sucht

Das Frettchenmädchen
mit Namen Gretchen
sucht einen Frettchenmann,
der Bierflaschen öffnen kann.
Gretchen kann das nämlich nicht,
drum sucht sie ihn mittels Biergedicht.

#31 **Der Mops**

Ein Mops sieht zunächst hässlich aus,
genauso wie ein Vogel Strauß.
Erst auf den zweiten Blick
finden viele einen Mops ganz schick.
Ähnlich ist's mit den Bieren,
auch die muss so mancher zweimal probieren.

#32 **Der Mops - 2**

Hopst der Mops
und mopst 'nen Drops,
dann hopst der Drops
im Mops.
Prost!

Mopst der Mops
noch einen Klops,
dann hopst im Mops
auch noch ein Klops.
Prost! Prost!

#33 **Der Reiher**
Ein Reiher
stand an einem Weiher.
Er reiherte so vor sich hin,
bis ich vorbeigekommen bin.
Ich empfahl ihm Bier als Medizin,
seither behält er alles drin.

#34 **Die Maus**
Unter tosendem Applaus
trank eine kleine Maus
ein Glas Bier auf ex aus.
Applaus. Applaus.

#35 **Der frühe Vogel**
Es wurmt das frühe Geflügel,
unsere Augen sind noch klein.
Als Vorbild drohen wir dem Vogel Prügel,
denn wir sind noch müde von zu viel Bier und Wein.

Aufzustehen bereitet uns nur Frust.
Wir mögen so früh noch keinen Wurm.
Auf Schlafen haben wir dagegen Lust.
Fünf erst schlägt die Uhr vom Turm.

#36 Der Löwe

Es sprach der Löwe Leo
zum Gnu mit Namen Theo:
„Theobald, du wirst nicht alt.
Ich fress dich bald."
Das Gnu darauf den Löwen bat:
„Lieber Löwe, friss Salat oder Spinat.
Aber bitte friss mich nicht.
Ich dicht für dich auch ein Biergedicht.
Ein Bier gibt's noch dazu.
Dafür lass mich bitte in Ruh."

#37 Der Esel

Der Esel meckert: „I-aah, i-aah."
Er meint damit vielleicht – es ist kein Bier mehr da.
Aber ist das Bier dann wieder da,
dann schreit er weiter: „I-aah, i-aah."

#38 Das Schaf

Das Schaf
hat einen guten Schlaf.
Einen tiefen Schlaf hab ich auch.
Kein Wunder mit 6 Bier im Bauch.

#39 **Der Eisbär (oder die Erderwärmung)**
Die Polkappen schmelzen.
Die Eisbären gehen bald auf Stelzen.
Ein Eskimo aber freut sich und lacht,
denn bald wird am Nordpol ein Biergarten aufgemacht.

#40 **Die Bremer Stadtmusikanten**
Die Bremer Stadtmusikanten
besuchten ihre Verwandten.
Sie trafen Onkel und Tanten
und andere, die sie kannten.
Es wurde ein riesengroßes Fass Bier aufgemacht.
Sie musizierten und tranken bis morgens um acht.

#41 **Das Säugetier**
Das Säugetier als Baby-Knilch
säugt für gewöhnlich Muttermilch.
Später als erwachsenes Säugetier
trinkt der Mensch dann lieber Bier.

#12 **Bienenstich**

Ein Hoch auf die Gemütlichkeit.
Wer kein Bier trinkt, tut mir leid.
Ein Hoch auf Weihnachten und aufs neue Jahr
und auf gutes Bier, das ist doch klar.
Ein Hoch auf die Medizin
und aufs Aspirin.
Ein Hoch auf dich und mich
und auf den köstlichen Bienenstich.

#13 **Das Reh**

Sein großer Zeh
tat dem kleinen Reh
tierisch weh.
Es war in eine Bierglasscherbe getreten.
Es half weder fluchen noch beten.
Letztendlich halfen Rehpapa und -mama
und dem kleinen Reh ging's wieder prima.
Lieber Mensch, lass deinen Abfall nicht im Wald
zurück.
Scherben bringen nicht immer Glück.

#44 **Sauerei**

In einer Brauerei
gab's neulich eine Sauerei.
Zwei Schweine sind dem Metzger abgehauen.
In eine Brauerei geflüchtet sind die Sauen.
Dort fanden sie Asyl,
denn der Besitzer hatte Mitgefühl.

#45 **Das grüne Gummibärchen**

Es sprach das grüne Gummibärchen:
„Ich wäre so gern mit ihr ein Pärchen.
Dann wäre ich nicht mehr allein.
Wir wären zusammen zu zwei'n.
Zusammen tränken wir Bier und Wein.
Wir liebten uns und schliefen zusammen ein.
Bald schon bekämen wir ein Gummibärchen klitzeklein.
Die Farbe Grün hat unter uns Seltenheitswert.
Zeit, dass sich ein grünes Bärchen vermehrt."

#46 **Das Eselsohr**

Das Eselsohr in meinem Buch
zeigt mir schnell, was ich gesucht.
Mit der so eingesparten Zeit kann ich vieles tun,
wie zum Beispiel küssen, Bier trinken, ausruh'n.

#47 **Der Tausendfüßler**
Das Tausendfüßler-Tier
hat an Beinen mehr als vier.
Dem Bier ist der Vielfüßler nicht zugetan,
denn fängt er mal zu torkeln an,
stolpert er bald ziemlich unkoordiniert
und schon ist's mit dem Hinfallen passiert.
Was bin ich froh, dass ich nicht auf 1000 Füßen gehen muss
und Bier trinken kann ohne Fußverdruss.

#48 **Rentier Rudolph**
Rudolph mit der roten Nase
ist kein eierverteilender Osterhase.
Nein, er ist des Weihnachtsmanns Rentier.
Und seine rote Nase kommt vom vielen Weihnachtsbier.

#49 **Der Auerochse**
Sind wir Mensch die Krönung der Schöpfung oder der Natur?
Oder sind wir eine weitere evolutionäre Durchgangsstation nur?
Eine Durchgangsstation wie einst der Auerochse hin zum Stier?
Oder sind wir vielleicht doch vollendet wie ein gut gebrautes Bier?

#50 **Armer Stier**

Armer, armer Stier.
Du trinkst Wasser, wir saufen Bier.
Wir möchten mit dir nicht tauschen.
Wir möchten uns berauschen!

#51 **Der Drehwurm**

Ein gar heftiger Wirbelsturm
wirbelte einen Regenwurm
hoch auf einen Zwiebelturm.
Der so durchgewirbelt Regenwurm
bekam dabei einen heftigen Drehwurm.
Er verliebte sich sofort auf dem Turm
in den schwindelerregenden Wurm.
Am nächsten Tag aber, oh Schreck,
war der geliebte Drehwurm weg.
War die kurze Liebe etwa schon vorbei?
Nein, der verliebte Wurm trank ihn sich mit Bier
wieder herbei.
Bier war hier wieder Mal der große Retter.
Bier gibt dir einen Drehwurm auch bei ruhigem
Wetter.

#52 **Der Zander**
Einen Zander fand er, im See rumschwimmen.
Eine Gämse sah er, den Berg erklimmen.
Eine Heuschrecke erspähte er im dichten Gras.
Am liebsten sieht er aber ein Bier in seinem Glas.

#53 **Salmonellen in Forellen**
In ungenügend gekühlten Produkten aus Forellen
findet man schnell mal ein paar Salmonellen.
In Bier ist das nicht so,
darüber bin ich sehr froh.

#54 **Das Bakterium (oder Schwein gehabt)**
Ein Bakterium
schwirrte um ein volles Glas herum.
Irgendwann fiel es sogar hinein.
Das Bakterium hatte aber Schwein,
denn im Glas war Bier und nicht Wein.

#55 **Der Schimmel**
Der Pferde-Schimmel schimmelt,
weshalb ich ihn jetzt konservier'
mit sehr viel alkoholreichem Bier.

#56 **Ente süß-sauer**

Auf der Mauer liegt ein Bauer
auf der Lauer, auf der Lauer.
Er jagt eine Ente für mittags Ente süß-sauer.
Doch der Himmel wird immer grauer.
Nach kurzer Dauer gibt's wohl einen Schauer.
Da überlegt der schlaue Bauer nochmals genauer.
Und holt Gemüse vom Acker für den Mittagstisch,
denn jetzt gibt's eben zum Bier mittags vegetarisch.

#57 **Tierische Emanzipation**

Sommer war's, ich war am Schwitzen,
da sah ich eine Henne auf ihrem Hahn sitzen.
Da wusste ich, die Emanzipation
gibt's nun auch im Tierreich schon.
Ich ging schnell leicht verstört nach Hause
und trank dort erst mal eine Gerstenbrause.

#58 Allzweckwaffe Bier

Ein Bier muss gut schmecken
und neue Lebenslust wecken.
Nach dem Abendessen
kann ein Bier entstressen.
Bier lässt den großen Durst verschwinden.
Bier lässt dich Schranken überwinden.
Bier ist unter den Allzweckwaffen
die Beste für uns Menschenaffen.

#59 4 Uhr morgens

Es kräht der Hahn.
Der Tag fängt an.
Es ist Sommer, morgens, kurz nach vier.
Ein Alkoholiker trinkt sein erstes Bier.
Der Morgen graut.
Ich träume von deiner seidenweichen Haut.
Ich liebe dich, wie du weißt.
Im Stall erwacht eine Kuh und scheißt.
Der Zeitungsausträger läuft von Haus zu Haus.
Der Tag beginnt gerade, aber das Gedicht ist aus.

#60 **Wir**

Sie gehört zu mir
wie die Kuh zum Stier.
Ich gehöre zu ihr
wie der Alkohol ins Bier.

#61 **Gewohnheitstier**

Der Mensch für gewöhnlich bei der Biermarke bleibt,
die er sich schon immer hat täglich einverleibt.

#62 **Bier-Landratte**

Eine Wasserratte ist sie nicht gerade.
Sommers am Meer ist das ziemlich schade.
Aber dafür trumpft sie dann im Biergarten auf.
Dort ist die Bier-Landratte nach 4 Halben richtig gut drauf.

#63 **Bierbedingte Wandlungen**

Unterscheidet sich der Mensch vom Tier
durch seinen Konsum an Bier?
Nein,
kann nicht sein,
denn der Mensch wird ja wieder zum Tier
durch den Genuss von zu viel Bier.
Viele Menschen grunzen, brummen, krabbeln und raufen,
wenn sie zu viel Alkohol saufen.

#64 **Weiße Mäuse (Wahnsinn)**

Er erzählt mir von ihr:
Trinkt sie zu viel Bier,
dann sieht sie weiße Mäuse und blasse Bräute.
Sie ist des Wahnsinns fette Beute.
Der Wahnsinn, der heißt Alkohol.
- Ich trinke jetzt ein Alkoholfreies. Zum Wohl!

Die Bordsteinschwalbe

Er schlendert heimwärts, hat Durst auf eine Halbe.
Auf der anderen Straßenseite steht eine Bordsteinschwalbe.
Dieser bunte Vogel reizt ihn sehr,
denn daheim läuft schon lange nichts mehr.
Aber 3 Euro 50 in den Hosentaschen
reichen gerade mal für 3 Bierflaschen.
So befriedigt er halt seine Triebe
mit 3 Bier statt mit käuflicher Liebe.

 ### Frau Fuchs, Herr Luchs

Herr Luchs liebte Frau Fuchs.
Kurz darauf gebar sie einen Fluchs.
Taufpate wurde Herr Stier.
Zur Taufe schenkte er einen Kasten Bier.

Osterhase und Co.

Der Osterhase versteckt seine Ostereier.
Die Bordsteinschwalbe wartet auch zu Ostern auf ihre Freier.
Der Schluckspecht schluckt sein zehntes Osterbier.
Ich sehne mich nach einem heißen Osterkuss von ihr.

#68 **Der Osterhase**

Dieses Jahr schaute der Osterhas
am Karsamstag zu tief ins Bierglas.
Er versteckt diesmal keine Eier zur Osterfeier.
Pass auf, sonst tritt er dir besoffen in deine Ostereier.

#69 **Säugetiere**

Er interessiert sich für Säugetiere,
besonders für den weiblichen Teil.
Außerdem interessiert er sich für Biere,
besonders für den alkoholischen Teil.
Ich kapiere,
er liebt Frauen und alkoholhaltige Biere.

#70 **Das Eselfaultier**

Ich bin heute durstiger als ein Esel
und fauler als ein Faultier,
Ich lümmle mich auf meinem Sessel
und schlürfe genüsslich das vierte Bier.

#71 **Bärenmarkt**

Bald wird es an den Börsen rumsen und krachen.
Die Börsianer haben dann nichts zu lachen.
Die Kurse stürzen in den Keller.
Abwärts geht es immer schneller.
Die Bären haben die Bullen vertrieben.
Das Ausmaß des Absturzes ist meist übertrieben.
Wohl dem, der nicht alles in Aktien investiert,
der noch andere Reserven hat und nicht zu viel riskiert.
Der kann den Bärenmarkt stressfrei bei Bier aussitzen
und muss keinen existenziellen Angstschweiß schwitzen.
Gegen allzu große finanzielle Gier
hilft mitunter ein mit Freunden getrunkenes Bier.

#72 **Mops Oskar**

Mops Oskar ist ein Lieber,
nur gerade hat er Fieber.
Er ist deshalb nicht gut drauf.
Sein Herrchen Claus macht sich zum Trost ein Bierchen auf.
Prost Claus!
Trink's aus!

#73 **Tätigkeiten**
Die Kuh muht.
Der VfB-Fan buht.
Der Hahn kräht.
Der Bauer sät.
Es grast der Stier.
Ich mache auf mein Bier.

#74 **Der kleine Zeck**
Ein kleiner Zeck
war ziemlich keck
und trank schnell weg
mein Bier.
Oder war's ein Bier-Vampir?

#75 **Wo zum Kuckuck**
Was zum Geier mache ich hier?
Wo zum Kuckuck bleibt mein Bier?
Kriege ich nicht gleich, was ich mag,
ist das heute ein schlechter Tag.
Schwein gehabt, da kommt mein Trank.
Der Tag ist gut – Gott sei Dank.

#76 **Tier in mir**

Ich kann nichts dafür.
Das Tier in mir
will ein Bier.

#77 **Getier**

Ich desinfiziere mich
und konserviere mich
innerlich mit genügend Bier
gegen jegliches „Getier".

#78 **Das Biertrinktier**

Das Küken schlüpft.
Der Frosch hüpft.
Die Katze miaut.
Die Elster klaut.
Hätte ich die Wahl zu einem Tier,
wäre ich kein Stinktier,
sondern ein Biertrinktier.
Denn das Stinktier stinkt,
das Biertrinktier hingegen trinkt:
Bier! Bier! Bier!

#79 **Schnecken**

Nach Bier die Schnecken
ihre Körper recken.
Sie tappen im Garten alle
in die aufgestellte Bierfalle.
Dort ersaufen sie dann im Bier.
Leid tun die armen Schnecken mir.
Ich sammle die Schnecken lieber ein
und werfe sie in den Wald hinein.
PS: Obige Falle funktioniert nicht mit Wein.

#80 **Honigkuchenpferd**

Ich freu' mich wie ein Honigkuchenpferd,
wenn ich wieder ein Jahr älter werd'.
Meine Freunde kommen mich besuchen.
Es gibt Bier, Wein und leckeren Flammkuchen.
Schön ist's, zu feiern mit Bier und Wein.
Schön ist's, mit Freunden zusammen zu sein.

#81 Bestimmungen

Ein Bier, das man nicht trinkt,

ist wie ein Lied, das man nicht singt,

ist wie ein Schiff, das sinkt,

ist wie ein Lotse, der nicht winkt,

ist wie eine alte Jungfrau,

ist wie ein Auto im Stau,

ist wie ein Vogel, der nicht fliegt,

ist wie eine Mannschaft, die nie siegt,

ist wie eine Biene, die nie summt,

ist wie eine Wirtschaft, die nicht brummt,

ist wie ein Dax, der nicht steigt,

ist wie ein Geiger, der nicht geigt,

ist wie ein Streichholz, das niemals brennt,

ist wie ein Läufer, der nie rennt,

ist wie ein Wachsoldat, der pennt…

Drum helfe dem Bier, getrunken zu werden,

denn das ist nun mal seine Bestimmung auf Erden.

#82 Flotte Biene

Ina, nicht Sabine,

heißt die flotte Biene,

die in Ostelsheim wohnt.

Besuche ich sie, werde ich mit Bier und Kuss belohnt.

#83 Biene und Stachelschwein

Schön ist es auf der Welt zu sein,
sagte schon die Biene zu dem Stachelschwein.
Das ist richtig.
Folgende Ergänzung ist noch wichtig:
Am schönsten ist's bei Bier und Wein,
mit guten Freunden zusammen zu sein.

#84 **Perfekt**
Bier schmeckt
einfach perfekt.

#85 **Darum**
Ich trinke Bier, weil Bier mir schmeckt
und dabei auch gute Gefühle in mir weckt:
Lebenslust, Entspannung, Zufriedenheit, Erhabenheit,
Verbundenheit, Ruhe, Zerstreuung, Unendlichkeit,
Freiheit…
Vor allem aber habe ich nach einem Bier
das Gefühl, ich möchte noch ein Bier.

#86 **Die schönsten Sachen**
Bier trinken, Liebe machen,
aus vollem Herzen lachen -
Es gibt keine schöneren Sachen.

#87 Bierglas-Mathematik

Gauß, Euler und Pythagoras,
da war doch noch irgendwas?
$V = \pi \cdot r^2 \cdot h$ ein großes Glas Bier
wünsche ich mir.
r=8 cm und h=25 cm – solch ein Glas,
gefüllt mit Bier, das wär' doch was!

#88 Joggen

Mein Ranzen spannt.
Morgen wird gerannt.
Ich werde wieder mehr joggen und weniger sitzen.
Ich werde mit Joggen die Bierchen rausschwitzen.
Ich werde mittels Joggen Kalorien vernichten
und vielleicht werde ich hinterher aufs zweite Bier
verzichten.
Obwohl, auf gesunde Bierkalorien zu verzichten, das
muss nicht sein,
rede ich mir ein.

#81 Zum Leben erwacht

Die Natur ist endlich aus ihrem Winterschlaf erwacht.
Die Sonne blinzelt und lacht.
Sie strahlt um die Wette mit mir.
Ich sitze auf der Terrasse und trinke ein Bier.
Ich freue mich am Leben.
Wärst du jetzt hier, würde ich dir ein Bier ausgeben.

#90 VfB Stuttgart – Bayer Leverkusen 3:3 (18.10.2014)

Stuttgarter Bier - Aspirinschmerztablette 3:3!
Dabei stand's zur Pause noch 0:3.
Werner, Klein, Harnik, ihr VfB-Retter!
Ihr seid heute unsere Fußball-Götter!

#91 VfB Stuttgart – Borussia Dortmund 2:3 (am 20.2.2015)

Der VfB verliert,
weil er nichts riskiert.
Geht das Elend so weiter, ist bald alles vorbei.
Dann spielt der VfB in der nächsten Saison in Liga 2.
Ich kann's nicht fassen –
drum hoch die Bier-Tassen.

#92 **VfB Stuttgart im Winter 2015**
Statt „Schlimmer geht's nimmer"
zeigt dir der VfB „Schlimmer geht immer".
Wer hätte das gedacht
- VfB, gute Nacht.
Oh je VfB,
das tat weh.
Bin noch wach und habe mir ein Bier aufgemacht.

#93 **VfB – Hertha 0:0 (am 6.3.2015)**
Torlos.
Trostlos.
Ratlos.
Aussichtslos?
Bier?
Frustbier!

Der Sturm war zum Abwinken.
Bier reichte nicht zum Schöntrinken.

#94 Olé, olé VfB (VfB Stuttgart – Werder Bremen 3:2 am 12.4.2015)

Der VfB Stuttgart
spielt Fußball der besonderen Art:
Tor-Geschenke werden von Harnik nicht
angenommen.
Der VfB ist mit Tor-des-Monats-Toren zum Sieg
gekommen.
Dinkelacker – Beck's 3:2
Und ich war in der Kneipe live dabei.

#95 VfB Stuttgart – SC Freiburg 2:2 (am 25.4.2015)

Der VfB Stuttgart ist durch dieses Unentschieden
womöglich abgestiegen.
Es gelang ihm nicht den SC Freiburg zu besiegen.
Die 2. Liga wartet.
Nächste Saison wird voll durchgestartet.
Unser VfB wird wieder gewinnen
und statt Frustbier wird wieder Siegerbier durch die
Kehlen rinnen.

#96   VfB Stuttgart – Hamburger SV 2:1 (am 16.5.2015)

Stuttgart jubelt. Hamburg weint.
Der VfB bleibt drin, wie's scheint :)
Prost VfB!!
Ole. Ole!
Die HSV-Bundesliga-Uhr ist vielleicht bald schon abgelaufen.
Die HSV-Anhänger haben Grund zum Biersaufen.

#97   Huub, Huub, hurra (SC Paderborn – VfB Stuttgart 1:2 am 23.5.2015)

Huub, Huub, hurra.
Stevens ist unser Superstar!
Der VfB Stuttgart ist die Mannschaft der Stunde.
In unserer Nichtabstiegsparty bestelle ich die nächste Runde.
Der VfB bleibt in der ersten Bundesliga.
Huub, Huub, hurra.

#98 **Vorfreude**

Das Bier ist kalt gestellt.
Das Spiel kann beginnen.
Ich habe diesmal Weizenbier gewählt.
Ich hoffe, meine Mannschaft wird gewinnen.
Schön wäre ein 5:4.
Ich freu mich auf mein Siegerbier.

#99 **Im Bierzelt**

Heftiges Geschiebe im Bierzeltgetriebe.
Ein Gedruckse. Ein Geschubse.
Ein Gewusel. Ein freier Platz, welch Dusel.
Ein Gesabber. Ein Geplapper.
Ein Gegröle. Ein Genöle.
Ein Gelache. Ein Gemache.
Ein Gespucke. Ein Gezucke.
Ein Gestampfe. Ein Gemampfe.
Ein Geschunkel. Ein Gemunkel.
Ein Geproste. Ein Getoaste.
Ein Gesaufe. Ein Geknaufe.
Ach, ich liebe die Gemütlichkeit,
die sich macht im Bierzelt breit.

#100 Bier-Prost-Harmonie

Ich sage: „Prost."
Sie sagt: „Prost."
Harmonie, Harmonie!
Ich küsse sie.

#101 Freu dich

Freu dich, Niere,
gleich kommen zwei Biere.
Freu dich, Milz,
unterwegs ist schon ein Pils.
Freu dich, Hirn,
in den Bieren ist Alkohol drin.
Freu dich, Seele,
Bier gluckert durch die Kehle.

#102 Glückseligkeiten

Irdische Glückseligkeit verheißen Whisky, Wein und Bier.
Paradiesische Glückseligkeit bekommt er aber nur von ihr.

#103 Die schönsten Drei

Bier trinken, lieben, geliebt werden
- es gibt nichts Schöneres auf Erden.
Unter den schönsten Drei
ist Bier mit dabei.

#104 Gutes Leben

Der Mensch lebt nicht vom Brot allein.
Zu einem guten Leben gehören auch Liebe, Bier und Wein.
Ab und zu ein Glas Sekt,
auch das schmeckt.

#105 Wartezeit

Man verbringt zu viel Zeit mit Warten
und zu wenig Zeit im Biergarten.
Und wenn schon mal wieder warten,
dann aufs Bier im Biergarten – Prost!

#106 Bier trinken

Ein Bier, das nicht getrunken wird,
bringt kein Geld dem Kneipenwirt.
Ein Bier, das ist zum Trinken da.
Fallerie und fallera.

#107 Sonnenschein

Bei Sonnenschein
betrunken sein?
Nein, nein , nein.
Wenn betrunken, dann in der Nacht,
da sieht dich keiner und du wirst nicht ausgelacht.

#108 Liebe

Wie kann ich meine Liebe besser beschreiben
als mit *„Ich liebe dich. So soll's immer bleiben."*
Darauf trinke ich nachher mit dir
ein hochprozentiges Liebesbier <3

#109 Valentinstagsbier(e)

Ich bin einer, der auch am Valentinstag
Bier trinken mag.
Ein, zwei, drei Flaschen Liebesbier
trinke ich dann verliebt mit ihr <3

#110 Außer

Es gibt nichts Besseres als ein Bier.
Außer zwei Bier.

#111 Hoch die Tassen

Leben und leben lassen.
Hoch die Tassen.
Den lieben Gott einen guten Mann sein lassen.
Hoch die Tassen.
Bei Sonnenschein raus auf die Terrassen.
Hoch die Tassen.
Lieben und nicht hassen.
Hoch die Tassen.
Gedichte verfassen.
Hoch die Tassen.
Spuren hinterlassen.
Hoch die Tassen.
Und was tun wir in die „Tassen" rein?
Wein? – Nein. Bier soll es sein!

#112 Zweckentfremdet

Der Chemiker füllt Bier in die Bürette
und macht aus ihr eine Bierette.
Die Bürette jetzt als Zapfhahn dient.
Für die Idee hat er sich ein Bier verdient.

#113 Bierfass

Das Bierfass hat gut lachen,
denn in ihm befinden sich lauter gute Sachen:
B-Vitamine, Zucker, Hefe, Aromastoffe, Alkohol…
Liebes Bierfass, ich beneide dich. Zum Wohl!

#114 Biergefühle

Als Biertrinker fühlt man sich gut.
Kein Wunder, man hat ja Alkohol im Blut.
Allerdings, ihr gebt mir sicher Recht,
zu viel Alkohol und dir wird schlecht.

#115 Unding

Gutes Bier, das man verderben lässt und nicht
rechtzeitig trinkt,
ist eine Sünde, die zum Himmel stinkt.

#116 Menschenkunde

Der Mensch lebt nicht vom Bier allein,
ab und zu braucht er auch ein Gläschen Wein.

#117 Richtig wichtig

Was ist falsch? Was ist richtig?
Was ist belanglos? Was ist wichtig?
Oftmals wissen wir das nicht.
Eine Antwort kennt dies Biergedicht:
Richtig wichtig ist dir und mir
der köstliche Genuss von Bier!

#118 Lebenssinn

Wir leben, um zu leben.
Wir leben, um zu überleben.
Wir leben, um nach Höherem zu streben.
Wir leben, um zu vergeben.
Wir leben, um zu nehmen und zu geben.
Mancher lebt nach dem Motto „Ich liebe mich".
Besser lebt es sich aber mit „Ich liebe dich".
Aber bitte nicht vergessen,
wir leben auch, um Bier zu trinken und gut zu essen.

#119 **LOL**
Ist er zu besoffen,
kann er nicht mehr geradeaus loffen.

#120 **Stöckelschuhe**
Klack, klack.
Klack, klack.
In nur zwei roten Stöckelschuh'
kommst du auf mich zu.
Du ziehst sie aus und reichst einen mir.
Wir trinken dann daraus genüsslich Bier.
Kann das Leben schöner sein
mit Bier und dir zu zwei'n? Nein!

#121 **Einmal**
Einmal ist keinmal.
Sind dann zweimal noch immer einmal
oder auch keinmal oder bereits einmal zu viel?
Oder kann ich das sehen, wie ich's will?
Prost. Ein Bier ist das, was ich jetzt will.

#122 High Society

Die Frau und der Mann von Welt
haben und brauchen sehr viel Geld.
Sie wohnen gerne in der Schlossallee.
Woanders zu wohnen, täte weh.
Bier im Biergarten ist nicht ihr Ding.
Sie trinken lieber Champagner auf einer Party in Peking.
Zu stressig wäre mir solch ein Leben.
Ich werde weiter nach anderem streben.
Solch ein Leben wäre auf die Dauer kein Gewinn.
Nach Normalität steht eher mir der Sinn.
Lieber Bier als Sekt,
weil's besser schmeckt!

#123 Prost, Prost!

Auf ein langes Leben,
nachdem wir alle streben.
Auf die roten Münder.
Auf uns kleine Sünder.
Auf staufreien Verkehr
und auf noch viel mehr
- trinken wir
das nächste Bier!

#124 Lebensweisheit

Singe, liebe, lache, trinke Bier,
dann gelingt das Leben dir.

#125 Trinkt Bier

Man(n) trinke Bier.
Frau aber auch.
Bier stillt des Durstes Gier
und macht behaglich Kopf und Bauch.

#126 Zukunftsaussichten

Die Zukunft bietet uns bestimmt noch viel.
Das Liebe und Schöne herauszufiltern, ist unser Ziel.
Wir werden hoffentlich noch viel Bier konsumieren
und uns mit unseren Freunden bestens amüsieren.
Vor solch einer Zukunft wäre mir nicht bange.
Hoffentlich leben wir alle noch recht lange.

#127 Der Euro im Jahr 2015

Die Reichen werden immer reicher.

Der Euro wird immer weicher.

Der Euro verliert.

Jetzt wird in Aktien, Gold, Öl, Bier investiert!

Prost und zum Wohl!

Da helfen nur Bier und andere Getränke mit Alkohol.

#128 Grexit?

Griechenland

ist abgebrannt.

Heute die Griechen, morgen wir?

Heute Ouzo, morgen Bier?

#129 Bierchen

Da ein Bierchen, dort ein Bierchen.

Schnell mal hat man viele Bierchen…

#130 Bierwetterregel

Wenn im Februar die Bierflasche über Nacht draußen zerknallt,

dann ist das Wetter eher kalt.

#131 **Wehwehchen**

Karies tut weh.
Dummheit tut weh.
Sehnsucht tut weh.
Heimweh tut weh.
Aber Durst ist mit die schlimmste Pein,
drum schenke mir noch ein Bierchen ein.

#132 **Schnell, schnell**

Ich verdürr,
krieg' ich nicht gleich ein Bürr.
Äh, ein Bier.
Schnell, schnell ein Bier zu mir!

#133 **Tiefenentspannt**

Tiefenentspannt schaut er ins Glas
und denkt: „Es ist schon krass.
Bier schmeckt besser als Gras."

#134 Ruhe

Hurtig geht der Mensch zugrunde.
Nur in der Ruhe liegt die Kraft.
Werde entspannt und gesunde.
Trink ein Glas kühlen Gerstensaft.

#135 Nicht aufgeben

Manchmal möchte man vor lauter Baustellen am liebsten aufgeben.
Geht man dann mit Freunden joggen und trinkt ein Bier, freut man sich wieder am Leben.
Joggen und Bier trinken setzen Glücksgefühle frei.
Probleme werden zu Problemchen und einerlei.

#136 Bier und Biergedichte

Der Mensch lebt nicht nur vom Brot allein.
Es dürfen auch gerne Bier und Biergedichte sein,
denn der Mensch muss auch trinken, nicht nur essen.
Und er braucht ebenso Stoff für seinen Geist, also etwas zu lesen.

#137 Verliebt

Es glühen die Wangen.
Groß ist das Verlangen.
Bier und Küssen heizen ein.
Ich bin dein und du bist mein.
Wunderbar, verliebt zu sein.

#138 Im Biergärkessel

Mit dem eigenen Tod
hat jeder seine liebe Not.
Doch lieber tot im Biergärkessel,
als tot im Wohnzimmersessel.

Aber noch leben wir.
Noch trinken wir –
am liebsten Bier!

#139 Quantensprung

Beim vierten Bier
denke ich mir:
Ein Quantensprung
hält jung.
Denn wer wie Elektronen springen kann,
der hält doch auch die Zeit an.

#140 Geld

Für die einen ist Geld nur bedrucktes Papier.
Andere berechnen ihr Geld in den Gegenwert Bier.
Hänge dein Herz nicht zu sehr ans Geld.
Es gibt Wichtigeres auf dieser Welt.
Liebe, Zukunft, Freundschaften sind wichtig.
In Bildung, Umwelt, Freude zu investieren ist richtig.
Alles Materielle ist nur geliehen hier auf Erden.
Passen wir auf, dass wir nicht geizig und hartherzig werden.
Zu viel Bier und Geld tun auch dann nicht gut,
wenn sie verbunden sind mit Maßlosigkeit und Übermut.

#141 Freibierbrauerei

Hätte ich sehr, sehr viel Geld,
würde ich nur tun, was mir gefällt.
Ich würde mir eine Brauerei kaufen
und sie Freibierbrauerei taufen.
In meiner Brauerei würde Freibier hergestellt.
Sie wäre sicherlich die beliebteste Brauerei der Welt.

#142 Colabier

So mancher kolabiert,
hat er zu viel vom Colabier probiert.

#143 **Mit links**

Ich habe zwei linke Hände.
Meine Basteleien sprechen Bände.
Nur was ich wirklich will, das kann ich richtig.
Bierflaschen mit einer Zeitung öffnen – das ist auch wichtig.

#144 **Die Bier-Versuchung**

Adam und Eva flogen aus dem Paradies
wegen eines Apfels, den Adam sich schmecken ließ.
Das Paradies für einen Apfel riskieren,
das würde mir nicht passieren.
Die große Versuchung wäre bei mir:
Riskiere ich das Paradies für einen Schluck Bier?

#145 **Bier-trink-Grund**

Braucht man einen Grund, um Bier zu trinken?
Ist Bier nicht Grund genug, um zu trinken?

#146 Pabierlapapp

Ich trinke ein paar Bier,
nehme mir ein Papier
und schreibe aufs Papier
ein Gedicht über die paar Bier.

#147 Schwarzwald

Im Schwarzwald
ist's heut' ziemlich kalt.
Damit ich nicht frier',
trink' ich jetzt ein Glühbier.

#148 Vorschau

Hänschen klein schlürft seinen Wein.
Das Rumpelstilzchen genießt ein Pilschen.
Frau Holle zischt im Winter ihre Molle.
Ich trinke mit dir zusammen Weizen-Bier.
Und wenn wir in 20 Jahren noch leben,
dann werden wir weiter einen heben.

#149 <3<3<3

Egal, ob deine Haare sind blond oder grün,
ich gehe mit dir durch dick und dünn.
Bleib so wie du bist,
alles andere wäre Mist.
Ich gehe mit dir über Stock und Stein,
ich trinke mit dir statt Bier auch Wein.
Du bist mein und ich bin dein.
Bist du nicht da, fühle ich mich allein.
Für einen Kuss von dir
gäbe ich mein letztes Bier.
<3 <3 <3 <3 <3 <3 <3 <3 <3

#150 Sonnenfinsternis (am 20.3.2015)

Eine Sonnenfinsternis ist so selten,
da lasse ich fürs Nichtfeiern keine Ausreden gelten.
An diesem Tag wird der Astronomie gedacht.
An diesem Tag wird gefeiert und gelacht
und dabei zur Krönung ein Fass Bier aufgemacht.

151 Gleichmacher

Bier macht alle Menschen gleich
- ob groß ob klein, ob arm ob reich.
Ob schwarz oder weiß, ob dumm oder nicht,
ob herzleidend oder krank an Gicht.
Ob Frau ob Mann
- glücklich, wer Bier trinken kann.

152 Adventsgrüße

Mein Herz vor Sehnsucht nach dir brennt.
Ich wünsche dir einen schönen Advent <3
Meine Leber zwickt.
Sie hat wohl gestern zu viel Bier abgekriegt :-)

153 Christmas tree

My friends Wolfgang and Andi
are drinking beer and brandy.
Anytime they see
a Christmas tree.
They see it twice.
What a big surprise.

#154 Fasten

Ich faste und dabei entsage ich mir
6 Wochen lang alkoholfreies Bier ;-)

#155 Vom Nicht-Wein-Trinken

Wer nicht trinkt den Wein,
der lass es einfach sein.
Vielleicht mag er lieber Bier,
dann geht's ihm so wie mir.

#156 Nüchterne Beschreibung eines Trinkvorgangs

Eine volle Flasche Bier steht vor mir.
Ich trinke vom Bier.
Ich trinke weiter vom Bier.
Eine leere Flasche Bier steht vor mir.

Plötzlich ist die Flasche leer.
Ich aber hätte gern vom Bier noch mehr.
Warum gibt's keine Flasche mit zwei Liter.
Diese Erkenntnis ist sehr bitter.

#157 **Bla, bla, bla**

Bier schmeckt bla, bla, bla.
Bier ist bla, bla, bla…
Heute werde ich nicht über Bier schleimen.
Ich werde heute nicht mehr reimen.
Werde heute also nicht über Bier philosophieren,
sondern lieber Bier auf seine Wirkung hin ausprobieren.
Gluck, gluck, gluck.
Schluck, schluck, schluck.

#158 **Muttertag**

Jeder, der seine Mutter liebt,
ihr gerne etwas Schönes gibt.
Wenn deine Mutter Bier sehr mag,
dann schenke ihr eine Kiste Bier zum Muttertag.

#159 **Vatertag 2015**

Wir lassen uns den Vatertag vom Wetter nicht verdrießen.
Wir werden wie immer auch diesen
mit viel Bier begießen.
Prost! Lasst den Vatertag beginnen.
Nass werden wir womöglich von außen, aber mit Sicherheit von innen.

#160 **Bier-/Weintrinken**

Das Schöne an Bier ist, man kann's trinken wie Wasser – in großen Zügen.
Würde ich dasselbe übers Weintrinken sagen, müsste ich lügen.

#161 **Verlangen**

Mich verlangt nach Bier,
wie die Blume nach der Sonne,
wie das Kloster nach der Nonne,
wie das Meer nach Wassertropfen,
wie das Pils nach gutem Hopfen,
wie das Auto nach Benzin,
wie den Süchtigen nach Kokain,
wie die Katze nach dem Kater,
wie die Kirche nach dem Pater,
wie das Brot nach zarter Butter,
wie das Kind nach seiner Mutter…

#162 **Bier-Kitt-Modell**

Bier ist der Kitt, der die Gesellschaft zusammenhält, würde jeder Bier trinken, gäb's weniger Kriege auf der Welt.

#163 Das Radler

Ein Fahrradfahrer - was trinkt der?
Der trinkt ein Radler leer.

#164 Tageszeiten und Bier

Ein kühles Bier an einem warmen Sommerabend
ist herrlich erfrischend und labend.
Acht Bier bis Mitternacht
dann ist Schicht im Schacht.
Denn das zehnte Bier im Morgengrauen
könnte dir den nächsten Tag versauen.
Mit einem Konterbier am späten Morgen
macht vermeintlich dir der Kater keine Sorgen.
Trankst du abends vom Biere
maximal deren viere,
dann hattest du nicht so viel Alkohol im Blut
und dir geht's anderntags gut.

#165 Schlechtes Gewissen

Wenn ich am Wochenende nur Bier trinke, habe ich ein schlechtes Gewissen.
Und mit schlechtem Gewissen, fühle ich mich beschissen.
Das soll nicht sein.
Ich trinke jetzt mal Wein… ;-)

#166 Drink beer

Don't smoke in bed.
Better drink beer there.
So you won't burn and won't be dead.
Drunk and dead in bed is rare.
I think,
you'd better drink.

#167 Nichtstun

Was will ich machen, was soll ich tun?
Ich gedenke heute mal auszuruh'n.
Nichts tun, die Gedanken treiben lassen.
Höchstens ein Biergedicht verfassen.
Den lieben Gott einen guten Mann sein lassen.
Habe das Gefühl, heute nichts zu verpassen.
Vielleicht mit meiner Freundin kuscheln.
Ihr zärtlich durch die Haare wuscheln.
Dazu ein Bierchen trinken im Bett
- so ein Tag ist auch mal nett.

#168 Nur ein Bier

Es gibt heut nur ein Bier
- FREIBIER!

#169 Freut euch

Freut euch. Freut euch mit mir.
Trinkt. Trinkt mit mir Bier.
Und warum?
– Weil wir leben. Darum!

#170 Danke

Ich sag's ganz unverhohlen:
Dies Buch sei dir empfohlen.
Und vom Honorar dieses Buches hier,
kaufe ich mir dann ein leckeres Bier.
Ich danke dir dafür.
Danke. Danke. Danke.

Inhaltsverzeichnis

	Anstatt eines Vorworts	7
#1	Zapfhahn und Co.	9
#2	Alkoholisches Federvieh	9
#3	Erkenntnisse mit Hund	9
#4	Tierisch Trinken	10
#5	Kuckucksbier	11
#6	Murmeltier oder Specht	11
#7	Die Ratte	12
#8	Der Koalabär	12
#9	Das Wiesel	13
#10	Die Fliege	13
#11	Der Hase	13
#12	Der Knallfrosch	14
#13	Der Falke	14
#14	Der Pudel	14
#15	Der Grizzlybär	15
#16	Das Krokodil	15
#17	Der Kater	16
#18	Der Hund	16
#19	Die Bieraffe	16
#20	Die Taube	17
#21	Das Känguru	17
#22	Die Eule	17
#23	Der Floh	18
#24	Der Weberknecht (Höhere Mathematik)	18
#25	Der Papagei	19
#26	Der Iltis	19
#27	Die Boa constrictor	19
#28	Die Hefezelle	20
#29	Das Frettchen	20
#30	Frettchen sucht	20
#31	Der Mops	21
#32	Der Mops - 2	21
#33	Der Reiher	22
#34	Die Maus	22
#35	Der frühe Vogel	22
#36	Der Löwe	23

#37	Der Esel	23
#38	Das Schaf	23
#39	Der Eisbär (oder die Erderwärmung)	24
#40	Die Bremer Stadtmusikanten	24
#41	Das Säugetier	24
#42	Bienenstich	25
#43	Das Reh	25
#44	Sauerei	26
#45	Das grüne Gummibärchen	26
#46	Das Eselsohr	26
#47	Der Tausendfüßler	27
#48	Rentier Rudolph	27
#49	Der Auerochse	27
#50	Armer Stier	28
#51	Der Drehwurm	28
#52	Der Zander	29
#53	Salmonellen in Forellen	29
#54	Das Bakterium (oder Schwein gehabt)	29
#55	Der Schimmel	29
#56	Ente süß-sauer	30
#57	Tierische Emanzipation	30
#58	Allzweckwaffe Bier	31
#59	4 Uhr morgens	31
#60	Wir	32
#61	Gewohnheitstier	32
#62	Bier-Landratte	32
#63	Bierbedingte Wandlungen	33
#64	Weiße Mäuse (Wahnsinn)	33
#65	Die Bordsteinschwalbe	34
#66	Frau Fuchs, Herr Luchs	34
#67	Osterhase und Co.	34
#68	Der Osterhase	35
#69	Säugetiere	35
#70	Das Eselfaultier	35
#71	Bärenmarkt	36
#72	Mops Oskar	36
#73	Tätigkeiten	37
#74	Der kleine Zeck	37
#75	Wo zum Kuckuck	37

#	Title	Page
#76	Tier in mir	38
#77	Getier	38
#78	Das Biertrinktier	38
#79	Schnecken	39
#80	Honigkuchenpferd	39
#81	Bestimmungen	40
#82	Flotte Biene	40
#83	Biene und Stachelschwein	41
#84	Perfekt	42
#85	Darum	42
#86	Die schönsten Sachen	42
#87	Bierglas-Mathematik	43
#88	Joggen	43
#89	Zum Leben erwacht	44
#90	VfB Stuttgart – Bayer Leverkusen 3:3 (18.10.2014)	44
#91	VfB Stuttgart – Borussia Dortmund 2:3 (am 20.2.2015)	44
#92	VfB Stuttgart im Winter 2015	45
#93	VfB – Hertha 0:0 (am 6.3.2015)	45
#94	Olé, olé VfB (VfB Stuttgart – Werder Bremen 3:2 am 12.4.2015)	46
#95	VfB Stuttgart – SC Freiburg 2:2 (am 25.4.2015)	46
#96	VfB Stuttgart – Hamburger SV 2:1 (am 16.5.2015)	47
#97	Huub, Huub, hurra (SC Paderborn – VfB Stuttgart 1:2 am 23.5.2015)	47
#98	Vorfreude	48
#99	Im Bierzelt	48
#100	Bier-Prost-Harmonie	49
#101	Freu dich	49
#102	Glückseligkeiten	49
#103	Die schönsten Drei	50
#104	Gutes Leben	50
#105	Wartezeit	50
#106	Bier trinken	51
#107	Sonnenschein	51
#108	Liebe	51
#109	Valentinstagsbier(e)	52
#110	Außer	52
#111	Hoch die Tassen	52
#112	Zweckentfremdet	53
#113	Bierfass	53

#	Title	Page
#114	Biergefühle	53
#115	Unding	53
#116	Menschenkunde	54
#117	Richtig wichtig	54
#118	Lebenssinn	54
#119	LOL	55
#120	Stöckelschuhe	55
#121	Einmal	55
#122	High Society	56
#123	Prost, Prost!	56
#124	Lebensweisheit	57
#125	Trinkt Bier	57
#126	Zukunftsaussichten	57
#127	Der Euro im Jahr 2015	58
#128	Grexit?	58
#129	Bierchen	58
#130	Bierwetterregel	58
#131	Wehwehchen	59
#132	Schnell, schnell	59
#133	Tiefenentspannt	59
#134	Ruhe	60
#135	Nicht aufgeben	60
#136	Bier und Biergedichte	60
#137	Verliebt	61
#138	Im Biergärkessel	61
#139	Quantensprung	61
#140	Geld	62
#141	Freibierbrauerei	62
#142	Colabier	62
#143	Mit links	63
#144	Die Bier-Versuchung	63
#145	Bier-trink-Grund	63
#146	Pabierlapapp	64
#147	Schwarzwald	64
#148	Vorschau	64
#149	<3<3<3	65
#150	Sonnenfinsternis (am 20.3.2015)	65
#151	Gleichmacher	66
#152	Adventsgrüße	66

#153	Christmas tree	66
#154	Fasten	67
#155	Vom Nicht-Wein-Trinken	67
#156	Nüchterne Beschreibung eines Trinkvorgangs	67
#157	Bla, bla, bla	68
#158	Muttertag	68
#159	Vatertag 2015	68
#160	Bier-/Weintrinken	69
#161	Verlangen	69
#162	Bier-Kitt-Modell	69
#163	Das Radler	70
#164	Tageszeiten und Bier	70
#165	Schlechtes Gewissen	70
#166	Drink beer	71
#167	Nichtstun	71
#168	Nur ein Bier	71
#169	Freut euch	72
#170	Danke	72

Autor:

Alfred Reichel, geboren 1961 in Stuttgart, ist Lebensmittel-Ingenieur und ein großer Bierliebhaber. Reichel wohnt in Weil der Stadt und verdient in Stuttgart sein täglich Bier als Chemielehrer.

Bisher sind von Alfred Reichel beim Verlag Books on Demand GmbH folgende Bücher erschienen:

Bier-Gedichte, 2012

Noch mehr Bier-Gedichte, 2013

Bier-Liebes-Gedichte, 2013

Bier-Lyrik, 2014

Nicht nur Biergedichte, 2015

Tierisch gute Bier-Gedichte, 2015